RIKIKI

Aurélia Declercq (1993) est née à Bruxelles et vit à Paris. Après un diplôme en psychologie clinique et des recherches sur la fonction du néologisme dans les processus langagiers dits psychotiques à l'Université Libre de Bruxelles, elle rejoint l'École nationale supérieure des Beaux-Arts de Paris afin de poursuivre ses réflexions sur la matérialité du langage. RIKIKI est son premier livre et il suit une série de publications de textes théoriques (Flux News, le Point Contemporain, Université Libre de Bruxelles) ainsi que poétiques (11 Mars 1978 Serendipity, DO IT, revue Dissonances, A) GLIMPSE) OF) Issue).

Aurélia Declercq

RIKIKI

Préface de Pierre Alferi

Collection **Ré/velles**

Éditions de l'Attente

ISBN : 978-2-36242-093-1

www.editionsdelattente.com

La Région Nouvelle-Aquitaine soutient le programme éditorial
des éditions de l'Attente.

What's in a bird ?

Soit un oiseau. Trouvez sa voix.

Il vous suffira d'élargir, d'éclairer le chas qu'elle traverse pour entrevoir des plis aux noms étranges, voiles et anches, cordes et jours, toute l'organisation d'un mini-orgue qui est l'organe de la phonation. De même, il suffira de ralentir la bande pour entendre dans le cuicui les dizaines, les centaines de notes tricotées en trilles que nos mini-maillets, nos mini-peaux tendues de nerfs dévident au centre du petit labyrinthe harmonique.

Vous voulez maintenant voir sourdre le gazouillis ? Immiscez-vous dans le gosier. Cachez-vous sous le seuil où passent les sons, dehors, mais aussi les vers et les graines, dedans : pour faire chanter le piaf il faut bien le nourrir. Et puis franchissez le goulot. Cet orgue qui dégoise est un ogre qui déglutit, cet antre est un nid et un ventre, une poche à quoi poussent des appendices où se cacher, des antichambres éphémères aux murs concaves, au sol glissant. Dans ces alcôves du langage, comme dans des flaques de marée, l'espace et le temps se détraquent ; leurs coordonnées valsent ; des tunnels aspirent vers des nefs enfouies.

C'est qu'Aurélia Declercq, avec des mots tour à tour tranchants et veloutés, une syntaxe acérée mais un phrasé soyeux, nous entraîne dans la petite grotte, la gorge derrière la glotte, où la nature physique abdique ses lois devant celles de la profération et de la projection, de la lecture et de la rature, d'une métamorphose verbale continue et néanmoins brutale. Il vaut la peine de la suivre dans ce détroit de tissu et de chair déchirés. La voix qui nous guide est déjà reconnaissable entre toutes.

Pierre Alferi

RIKIKI

Tu m'accompagnes. Un peu tu as hâte tu es proche de la célébrité, tu es proche des tapis rouges. Tu veux devenir la renommée des oiseaux. Tu confirmes, tu viens jusqu'ici. Tu regardes le bec. Très proche tu regardes le bec, le bec est fermé, tu regardes encore. Plus proche un oiseau au bec fermé ça t'émoustille de haut en bas, tu le sens. Toi, moi, tapis rouges tapissés de l'œsophage toboggan pigeon partout, pas besoin d'ouvrir les portes, pas besoin d'ouvrir le bec. Toi tu es là tu regardes tu restes, même après tu n'ouvres pas non plus. On mijote. Devant l'oiseau, c'est-à-dire que toi moi à deux on est face au bec on mijote beaucoup. On a un peu hâte de se faire manger. On se veut célébrer, tu sais qu'on se déguste. Face to face à l'oiseau c'est qu'on guette. On ne force pas l'entrée, on attend la gorge, on attend très bien. Tu le dis, tantôt un dedans oiseau ça s'accueille tout seul sans entrée. On ne doit pas ouvrir le bec, tu dis non à forcer l'ouverture on mijote encore bien sûr que ça me va. On sent notre double impatience. Je regarde le pigeon, tu es à côté de moi, tu me parles de son gosier, de son toboggan et de sa chute. Pendant que tu racontes, pendant que tu parles de la gorge, l'oiseau ouvre le bec, il l'ouvre comme pour dire, il ouvre grand, grand le bec ouvert, c'est que le birdy a la dalle, regarde. Tu en ris tu es étonné d'un tel appétit pour un si petit pigeon. Je vois le toboggan gorge, je vois loin je vois je crains un peu, tu réponds qu'être mangé c'est le début c'est une prise de bec alone via un rétrécissez-moi go for it. Tu dis qu'il n'y à rien à craindre, sur une gorge on glisse vite on glisse très bien. On se le dit, c'est maintenant, on y va. On se rapproche pour être tout à fait face au bec, encore plus face, pas ailleurs. On est très close. Proche du bec je deviens très proche de toi. Je vois épinglé sur ton épaule, je vois bien. Pas très loin du cœur, un tiny bijou rond noir, presque comme une sphère, à la limite objet pleine lune, c'est qu'on dirait un pin's. Il y a une inscription précise, quand je dis précise j'ajoute que les lettres sont parfaitement délimitées, blanches et rouges, c'est le genre d'inscription qui annonce : I love New York. Voilà que tu loves New York devant le pigeon. Je vois, tu le loves fort. Le I et New York est blanc, je veux dire que la lettre I, la lettre N, E, W, Y, la lettre O, R, K aussi, elles sont blanches sur fond noir, de là elles se délimitent parfaitement, elles sortent elles se montrent, bornage à la limite m'as-tu-vu, le love, lui, le love est emprunté par un cœur rouge, et tout ça sur objet pleine lune tout tout rond, ça me fait dire que tu l'aimes vraiment fort, ce pin's ou bien encore l'envol jusque là. Tu le portes bien le I love New York. Tu le portes tout close d'une seconde chute dans un birdy presque tout à fait envolé. Je me dis que tu es chic face au bec. Tu es très préparé. Quand je pense à ça on entend presque le roucoulé de l'oiseau, il a la dalle fort. Aussi fort que pour nous amener en lui. Le pin's pleine lune I love New York se fait prendre, se fait glisser. C'est là, on est picorés on est dans le début de l'oiseau. On se pointe sans s'ouvrir, on est mangés. Je te l'avais dit, tu m'accompagnes. Je t'invite. On échappe pas, toi moi on descend dans la gorge. On va remplir la dalle on va remplir la faim, on va remplir le pigeon direction tirelire ailée spécifique I mean révérence birdy. Dans la chute gorge tu me dis que le pigeon ça fait gauche droite, sa tête c'est la saccade. J'entends, je tombe avec toi. Piaffements inside à la manière de saccade outside à la manière très de l'oiseau, je dis peupler ça un peu tu amènes à la limite kind of halètement dans le : pigeon vite gauche pigeon vite droite ça doit bien vouloir se prêter vers des coups d'œil en extrême vitesse les uns après les autres ce qui se passe à : soubresaut au centre de notre claustrophobie partagée. Je repense à ton I love New York, au cœur pour dire le love. Tu dirais que ça le costume, notre présence dans le birdy. On descend la gorge, on descend le toboggan. On se pointe sans s'ouvrir, on est mangés. Le gris du pigeon nous a becquetés. Il roucoule, on descend toboggan de roucoulement. Et presque ça flirte tout ça, ça nous bouffe c'est roucoulé ça chante pour nous mangés. C'est la séduction colorée piquetée. Luge gorge luge flirt. Bobsleigh pour entrer dans le dedans de plumes gris bleu métallisé. Toi moi en file l'un après l'autre dans la gorge. On est là, on y est. Plus dans le bec, pas dans le ventre non plus. On est entre les deux, au cas où. On est dans la petite poche, la petite poche d'après pour garder les graines. Toi moi on va loger là. C'est ça, on débarque dans le jabot, on fait connaissance. On aime pas l'estomac, on aime pas la gorge, on préfère l'espace entre les deux. On accumule, on entrepose. On est pas venus pour rien. Je veux dire, se retrouver à nous deux dans le birdy c'est une invitation. Je le répète, on est pas venus pour rien. Tu fais un oui de la tête tu fais secousse tu fais bouger les plumes. Le pin's I love New York suit le mouvement, il fait secousse en retour. On est dans le jabot contenu dedans entre les deux. Toi et moi dans le jabot de l'oiseau on se regarde dans les yeux, on se cligne. C'est drôle ça s'accueille d'un rien, d'un à peine quelque chose. On se regarde dans les yeux, on se cligne une seconde fois. On est dans un certain zoom. On est dits on est pigeonnés. Tu ris. Tu clignotes tu veux glisser plus encore. Tu veux refaire l'entrée dans l'oiseau, tu veux la refaire encore. Tu dis que c'est quelque chose rentrer dans un birdy, ça se passe trop vite c'est qu'une bouchée. On reste, on entrepose encore. Zig zag c'était l'arrivée toi moi. On est baignés dedans, on élargit. On est dégustés, ça roucoule de plus loin on entend ça dit. C'est un flirt entendu ballonné. Toboggan flirté. Gorge oiseau flirt du toboggan. À deux toi moi avec le pin's love city cœur rouge proche épaule on découvre les parois du jabot. On découvre l'intérieur birdy, l'inside insight.

Je vois, tu y penses aussi. Tu penses à elle. Directement l'intérieur d'une poche oiseau ça te fait penser à elle. Je le vois bien, ça fait scintiller le pin's I love New York. Pour penser à elle au début tu penses aux tissus. Tu te dis qu'un birdy, un dedans birdy ça s'habille, c'est-à-dire que ça se tapisse. Tu me dis que le jabot c'est fait pour être tapissé. Tu dis que c'est le début de la renommée de roucouler. Le jabot de notre oiseau ça se tapisse de tapis rouges, le jabot ça se célèbre. Et dans notre invitation, tu penses aux tissus pour la tapisserie. Tu veux le dire, tu penses à elle. Tu dis comment elle s'appelle, tu dis elle c'est quoi son nom encore. En vrai moi je me souviens. Tu penses à Elsa. Deux voyelles et toi tu me dis elle c'est quoi son nom encore. Deux voyelles à ses extrémités quand je pense à elle autant que je heurte pour ne pas dire accentue ses aboutissements, et au final, toutes ces lettres que je veux inscrire blanc sur noir comme sur ton pin's I love New-York, inscrire le E, inscrire le L, inscrire le S, inscrire le A, peut-être même le E et le A en rouge comme le love, la couleur pas le cœur, et le reste en blanc bien bien délimité, sur la lune pleine, oui oui oui oui oui les inscrire quelque part oui, encore plus à un quelque part que je peux possiblement porter H-24 sur moi dans un coin de mon épaule, épinglé. Elsa, lorsque tu le dis tout fort, encore plus de ta bouche à toi, lorsque tu parles ce prénom, ça roule. La langue colle au palais un petit temps, c'est un prénom tellement roulant qu'on a des doutes sur le prénom, je veux dire sur le fait qu'il appelle quelqu'un derrière lui derrière son roulement. Tu te souviens maintenant. Tu te souviens surtout ailleurs, Elsa articule mal. Dès qu'elle parle elle articule mal. Un prénom roulant, une articulation sibylline. Tu t'en souviens ça. Le tapage prénom est un peu notre suppléance commune lorsqu'on rencontre un oiseau dans une certaine proximité. Elle mâche ses sentences, bien loin dans la gorge, elle mâche, comme pour dire sans bien dire, to say. Elsa tu roules, tu peines, tu filandres. Tu fais fort, tu me rappelles le jour où j'ai enfilé pour la première fois un tutu de danse, un tutu en tulle, complètement white, à vrai dire il était assez long, jusqu'aux pieds presque, ce n'était peut-être pas un tutu de danse, cher tutu je ne devrais pas t'appeler tutu, il n'y avait pas de haut, juste le bas, bien une jupe en tulle blanche, faisant des vaguelettes couche sur couche. Je me souviens, je me souviens, je veux dire que je connais à peu près la spécialité d'Elsa. Ailleurs que l'articulation, il y a autre chose et ça vient cogner le tutu tulle. Elsa me ramène aux couches tulle au cher tutu parce que je le sais, Elsa dehors, je veux dire hors oiseau hors pigeon, elle vole les tissus c'est un certain souvenir. Elle a une collection de tissus volés. Elle prend les tissus qu'elle trouve, ça ira de coton jusqu'à satin. Elle les collectionne, elle fait des couches. Elle tisse les tissus des autres, c'est sa spécialité, elle les tourne, elle en fait autre chose, elle les pétrit. Parfois d'une robe volée elle fait un foulard parfois elle perd ailleurs le foulard qu'elle fait. Elle tapisse avec tout ça. Toi moi on y pense : ici elle irait jusqu'à tapisser l'oiseau, l'inside oiseau plutôt, le jabot birdy. Je vois le tapis rouge gorge le tapis rouge toboggan. Je veux dire je le vois des tissus volés d'Elsa. Il serait bien de la sonner. Il serait bien de l'inviter dans le birdy. Inviter Elsa ici, ça te dit ça, ça te dit très bien, de lui faire une place dans le jabot. Dans la poche près des graines, avec nous. Tu dis elle doit glisser ici avec ses tissus. Être mangée être tissée elle doit se la ramener. De ses tissus elle en fait des drapés des moulures de corps. Soie pliée jusqu'au bec. Tu dis please des moulures drapés birdy, please des moulures drapés jabot. Elle pourrait être l'invitée, le +1 de l'oiseau. Tapis rouges tapissés pour les célébrités, toi moi elle. Apéro réservé aux famous mangés du jabot. Tu es célèbre toi tu es célébré tu es en dessous du bec. Pour célébrer l'oiseau il y a les coupes à boire à manger aussi glissantes glissées que le tapis rouge que tout ça. Elsa sera accueillie aussi, tissus garantis. Ça te parle ça toi. Tu glisses tout entier, ça te parle. Tu rêves ça toi. Tu le dis tout haut 'je rêve de ça moi'. Dans l'oiseau tu rêves. Tu rêves d'Elsa. Ça fait des tapis ça se régale. Tu as faim tu as été faim tu rêves. Encore tu parles de sa 'collection de tissus volés', tu dis que c'est beau ça. Parler tissus ça donne faim l'appétit du pigeon est grand. On est portés, on s'use dedans dans le flirt de l'oiseau roucoulant après repas ingéré, mouvement tête à-coup alias becqué. Ensemble ça se glisse. Tout ça te parle. Quand Elsa elle parle ça te parle en retour. Tout ça t'entends tout. De partout d'ici tu entends ça. Tu demandes si ça parle à moi. Je dis que je ne sais pas. Je dis 'dans le fond c'est égal'. Au final tout ça n'a pas besoin de parler à moi si ça parle à toi. Parlé quelque part c'est tout c'est la famine. Tu fulmines fort. Tu es parois tu es dedans jabot tu contiens tout en étant ciné-club images fixes inside sur toile à bras alors tu es porté. Tu es flirté tu languis. Elsa languirait Elsa tu t'es languie dans le bec. Bientôt tout proche célébrés à trois dans le jabot. Tapis rouge pour ça. Poche apéro poché. Dérapage de nous célébrités, Elsa c'est le tissu célébrant tu sais. Tu hésites, nouveau zig zag. Ça regarde au ciel par le trou haut fin de gorge début bec. On fait un appel par le trou. C'est grand. Vu que ça te parle viens on lui dit.

Tapis rouges on attend. Bonjour Elsa elle nargue elle se demande pourquoi elle a été invitée si tard. Je dis que dans le ciel par le trou début bec c'est pas tard c'est très tôt c'est le tout début du flirt de l'oiseau. Elle est on her way c'est-à-dire qu'elle arrive, elle va ouvrir le bec à sa manière. Elle est bientôt dans le birdy, sur le trajet elle vole des tissus rouges et d'autres à volonté. Tout ça dans sa valise à elle. Par tout ça j'entends les couleurs de ses tissus, de l'imprimé léopard à la couleur primaire qu'on choisira, au rouge de la célébration jabot bien sûr. Petite valise de tissus toute ronde dans jabot birdy tout rond. Ronde as un pin's pleine lune, tant boule sa petite valise que ça rappelle les yeux birdy. Rond entre deux ça hésite : yeux pigeon blanc, yeux pigeon albinos. On sait pas. Bille de verre teintée colorante dans le blanc albinos dans le blanc pigeon blanc dans les deux. La bille se glisse aussi. Tout rond ça fait rouge ça fait tapis rouge. Rouge albinos ça se rejoint. Ainsi ses couleurs se balancent avec cran everywhere tout ça en boule. Tout ça en albinos tu dis. On trinquera l'élixir pour le papier peint ailé, notre invitation primaire as color. Oui tout bientôt ça se célèbre, ça fera l'apéro pour la tapisserie ça le fera. On y arrive, on y est, t'inquiète pas.

Elsa fait son plongeon gorge, enchantée Elsa, très enchantée Elsa, sa petite valise de tissus aussi, enchantée petite valise de tissus. On se dit on s'installe à trois dans le birdy. Albinos à l'apéro, who cares ou plus tard, après tapisserie. On le sait, très précisément c'est après la tapisserie du jabot qu'on pourra faire un tchin digne de ce nom. Je m'allonge. Elsa déplie. On regarde le dépliage des tissus. Tout est dépliable dans elle, dans notre invitation. Tu dis ça se dérobe presque tant ça se déplie. On attend le tapis rouge on a faim. Le jabot tapissé tout bientôt. Tu crèves la dalle. On a la dalle on est œsophagés tapissés. Tu répètes je crève la dalle.

Elsa collectionne un tissu puis deux puis trois. Elle les rejoint d'un fil. Avant l'apéro, je veux dire l'apéro l'officiel, l'apéro déclaré, on décide de faire tchin une fois avant on est saisi. Je regarde la collection d'Elsa. Je regarde bien je vois laine je vois soie je vois éponge je vois dentelle. Pas de tulle cher tutu j'en conviens. Le I love New York a tout de quoi s'accrocher, bravo. Tout de quoi se plonger, tout de quoi s'accoutrer. Je demande si ça séduit, les tissus. Je me tiens dans le jabot allongée je dis : et si ça se draguait. Tu me dis quel romantisme. Dans le toboggan de l'oiseau ça se porte autant que ça se flirte. Elsa me rejoint, s'approche, ajoute : ça se drague seulement quand ça roucoule. Elle dit que 'ses tissus ne trahissent pas ils se transforment'. À l'écoute, la gorge roule roule roule d'un écho, c'est presque vers l'éloquence que ça nous baigne. Tu dis la drague ça sent le piège ça sent la chasse. Oiselée je rêve d'être l'éloquence gorge d'un jabot pigeon. Philtrée je n'ai plus faim j'ai faim ailleurs. Tu répètes 'et le tapis rouge ?' Je réponds : fais le flirt des oiseaux, c'est tout toi le pigeon regarde c'est toi partout le pigeon tu es tapissé pigeon, fais le bruit mâche le tchin quand les verres se brisent pour célébrer, oui, tu es tapissé pigeon célébré, sois tout gobé une totale bille mâche bien le tchin x2.

Ici dans pigeon nous trois habillés. Le jabot c'est l'oiseau, ce soir l'oiseau c'est la tenue. Tu proposes ceci : de s'accoutrer d'un jabot habit juste pour la night. Habillé en jabot inside jabot tu t'ajustes tu évites d'en faire de trop toi pourtant regarde au rond-point pigeon c'est inévitable tu es orné. Cinq ou six vagues dentelle blanche sur poitrine. Pas de cravate, une mousseline lactée et torse bombé fait sortir le dessus. Maintenu par une broche tout ça est porté presque jusqu'au cou. Tu dirais bavette je te dis non tout de même. Pour faire le tout une manchette. Dedans les vagues font les volants. Tout habillé tout usé tu dis : je ne comprends pas ta sentence sur l'éloquence oiselée.

Un peu on marchande avec le tiny, on vole dans le volage. On regarde les tissus de plus près. Dedans Elsa dit, tout en articulant mal encore : ça roucoule ça y est. Écoute. Toi tu t'arrêtes, tu ne dis plus bavette de tantôt, tu écoutes aussi. J'entends. Elle dit que ça c'est quelque chose, elle peine. Elle dit 'le roucoulement les voix du pigeon ça c'est quelque chose'. Elle dit que dehors à l'extérieur avant le toboggan on lui a dit cela. Avant de plonger dans l'oiseau on lui a dit d'écouter roucouler quand ça roucoule. Attention warning, pas écouter tout non plus, écouter un peu. 'Écouter presque le total des roucoulés, c'est presque ça' elle dit c'est ça qu'on lui a dit. Pas écouter tous les roucoulements, les trois quarts. Écouter soixante-quinze pour cent du roucoulé. Tendre ouverte l'oreille pour le soixante-quinze pour cent. Le roucoulement presque tout globalisé presque tout globalisant. On lui a dit cela hors bec hors poche. Avant le toboggan jaboté. Pas tout, pas tout écouté, pas tout glissé dans le tympan, faire ça avec les trois quarts. Un roucoulé du trois quart. J'écoute Elsa, je souhaite un peu retourner aux tissus. On écoute encore, ça roucoule le roucoulé de loin, on écoute encore un certain pourcentage pas totalement faux-pas. Les tissus dépliés ne s'épargnent pas de cette parole, ils s'y collent.

Plus tard plus loin après l'épisode jabot est en fait une tenue, toi moi elle on se pigeonne on s'allonge. Elsa se retourne s'allonge aussi, je la regarde. Je me dis qu'elle est tiny elle aussi ici, je veux dire dans un oiseau micro zoom. Couches de pliages couches de tissus, tout ça triangulé. On se dit un peu tard, viens on fait la présentation. Apéro commencé même si ce n'est pas l'heure, on présente Elsa au jabot, bonjour Elsa jabotée enchantée. Tchin tchin tchin. Bientôt jabot, c'est elle bientôt tapis rouges pour ici. Tchin tchin pour ça tchin tchin pour légendaire tapisserie soon tchin tchin pour ça. Le pigeon secoue la tête lorsque tchin, la saccade, il a hâte du tissu il trépigne. C'est dans ses plans, c'est une invitation.

Elle demande si nous avons soif. Je te regarde, le toboggan ça assèche. Elle repart, autre glissade, un peu proche je vois. Dans le paquet dépliage jabot glissé elle cherche une partie du déplié. Elle revient, elle a dans les mains une robe mi-longue début du genou, couleur violet héliotrope. Elsa déplie le dépliage, elle prend un peu. Tout début du genou, juste au-dessus. Elle veut prendre ce tout début du genou, héliotrope début du genou, en faire la tenue jabot. Je veux dire, pas la tapisserie du jabot de l'oiseau, pas tout de suite ça, plutôt faire le jabot tenue le jabot habit, le jabot qui se porte. Faire de la robe héliotrope une mousseline. La mousseline sur poitrine, celle-ci. Bien fourni le jabot. Bien partout sur la poitrine, bien partout sur le cou le jabot. Des couches pas sur les jambes, sur le cou. Everywhere avec cran. S'étale sans diamant (pas tout de suite le diamant, même si pin's I love New York scintille encore). Mousseline encore longue sans mi-cou, cou total. Plus de début du genou nu. Non, une nuque recouverte totalisée. Une poitrine bombée fière, presque célébrée toute totalisée partout. Tout ça te recouvre tout du coup, tout d'un coup, pareil aussi les veines cachées. On est recouverts, on porte le jabot sur la poitrine. Je jette l'œil sur toi, on est chics, on se montre. Ton pin's I love New York rayonne sur cette mousseline, le cœur ressort fort. Exposition garantie, le tapis rouge pas encore, poitrine fournie est un début. On cligne, écho tchin, marche presque rouge. On se dit la même chose. On parle dans l'oreille. Je dis à Elsa, tu fais quoi, tu t'habilles de l'inconnu, dis-moi la mousseline elle vient d'où. Je veux dire, d'où tu sors tout ça, d'où tu les voles, d'où tu les connais, nice to meet you fabric. Rien à faire Elsa s'habille de l'inconnu, quelle souplesse. Toi tu dis 'what flexibility Elsa'. Toi qui dis ça, tu es bilingue tu répètes, ça te rend bilingue c'est différent un peu. Tu parles en bilingue pour dire souplesse, tu le tentes. Tu es proche de l'anglicisme tu le côtoies. Elsa de loin, elle tend l'oreille, elle entend le début de l'anglais un peu en échec, elle regarde I love New York sur ton épaule comme pour dire, elle cligne des yeux. Habillés il commence à faire noir. Tout noir dans le birdy, tout nuit. Je vois le tard du ciel dans le trou haut début bec de l'oiseau. L'oiseau roucoule. Tu le vois, tu dis que le noir nous tombe dessus. Tu dis ça, le noir nous tombe dessus, vraiment ça me fait rire, tomber dessus, seconde chute ou la prochaine, je te dis d'arrêter avec ces termes, de suite, d'arrêter avec ces nœuds, la nuit ça craint pas, la nuit c'est pas une crainte ça nous tombe pas dessus. De dedans l'oiseau roucoule encore. Je dis que ça répond peut-être à ta sentence de tout à l'heure Elsa, sur les trois quarts, les soixante-quinze pour cent du roucoulé. La nuit c'est le quart qui reste. Quart restant nocturne, endormi ce lazy quart. C'est tout ça, bientôt ce lazy quart ça se taira, ciel total, sans s'éveiller une microseconde pour une mirco-envolée. Une dernière fois avant le sommeil toi moi on lui dit, tu dois rendre la robe héliotrope mi-longue début du genou Elsa, la soumission etc. c'est maintenant tu te diras autrement plus tard je te le dis. Elle yeux mi-clos nuque totale sans mi-genoux, elle dit bien tout. Elle dit 'à qui rendre la robe, le tissu en premier lieu, au tout début, at the very beginning, il est à qui ?' C'est une réponse Elsa, ça fait bailler. Telle réponse que silence total totalisé. On est tout nus on est des vers. On est à poil complètement naked, sans tissus pour la nuit. On se tait, plus de roucoulé non plus. On se demande quoi en faire de ce silence total, on se dit comment. Un peu on est inquiétés de ça, du blanc de la discussion, du silence, ça oppresse, sans écho de roucoulé. Inquiétés de ne rien entendre en retour dans la poche jabot alors back to us back to three 'waooow'. Regarde on a de l'humour on s'est rassurés en express vitesse, on a dit : s'inquiéter du blanc dans le fond du talk c'est une question très commune alors ça nous rassemble encore un temps à nouveau.

Le bec s'ouvre un peu revient et ouvre les paupières. Nous regardons, encore le jabot total recouvre nos débuts de cous. Il peut accueillir les trois quarts, soixante-quinze pour cent des roucoulés du réveil. Ensemble debout bien réveillés bien becquetés toi moi on lui dit : 'Elsa, quel est ton romantisme ?'. Elsa se tait ça ne fait pas écho. Elsa préfère ses tissus, Elsa préfère toujours ses tissus 'mes tissus ne trahissent pas même s'ils se transforment'.

Toi moi le fond la cave du jabot la future tapisserie
de la poche le bec de dehors becquetant d'autres,
je me dis on doit s'occuper d'elle.

Elle parle de l'héliotrope. Beaucoup elle en parle, le violet héliotrope de ses tissus. Violet tant jaboté n'est plus tant un violet, il est imprimé animal, regarde tu dis. Tout ça avant violet devient tout léopard. Des petites tâches léopardées dans le jabot de l'oiseau, tu imagines, c'est ce qu'elle fait, elle fait ça, elle fait cri félin dans jabot pigeon. Roucoule le léopard. Ce n'est plus le flirt c'est félin c'est féroce, soudain c'est découplé d'être mangés si tout ça c'est du léopardé, tu dis 'waooow' comme hier soir. Plus de violet flirté, on est félinisés tachetés un peu partout. Je salive au léopard, tu roucoules presque toi aussi, je bouge le bas du corps. Tout à fait dedans tu fais ça, ça tâche salive cirque salivés waow. Léopard à l'echo du roucoulé pigeon, je ne sais plus quoi me mettre, toi non plus. Je suis nue, je n'ai pas d'idée pour les habits aujourd'hui, j'attends le tapis rouge, toujours je salive entre deux entre-temps. Tu dis on a le temps pour le tapis rouge, c'est pour plus tard. Je touche tissu léopard, je ne sais plus s'il est robe ou jabot, là je me hérisse. Je cherche d'autres tissus, certains qui habillent sans contretemps, je ne trouve pas. J'ai envie de dire, pourquoi tu te tais Elsa, pourquoi tu es si mutique, viens m'habiller plus proche, après je me traite d'idiote, Elsa est tout sauf mutique, elle articule en vain. Tu confirmes. On cherche les habits d'aujourd'hui, on se léoparde de plus en plus. D'un coup j'ai chaud de la porter même si à cet instant je ne porte précisément rien, j'ai chaud de porter les tissus, de les chercher, j'ai chaud de porter l'héliotrope, le léopard, je n'ai plus le cœur à dire, ni dans ma langue ni dans une autre, je ferme ma fermeture envers elle. On me traite d'exhibitionniste parce que je n'ai pas lâché prise sur elle, le qui est on je ne suis pas certaine, il dit que je ne l'ai pas laissé parler jusqu'au bout et sans moi, je dis : ça veut dire quoi parler jusqu'au bout, still je suis nue comme un ver, toi, le léopard, les roucoulements ajoutés amplifiés de ce speech personne ne répond, on finit par me dire que j'aurais pu faire un effort. Je pense que se la raconter est une pure arnaque qui ne me plait pas, toi, Elsa, le léopard, l'imprimé léopard, vous pensez que ça me faisait pourtant fondre dans jabot il y a une heure, je te dis que je raconte ce que je veux, je raconte Elsa puis d'autres ça m'est égal, drapé ou non tu me rassures je ne te reconnais plus.

On s'accompagne toi et moi. On se calme un peu. On va dans la poche creuse. On met des pas en file. Je vois le léopard un peu loin c'est difficile. Tu me dis de penser à nouveau à la glissade. De se rassurer de ça. On glisse encore. On ne se la raconte pas trop haut, pas trop grand, on glisse. Je t'écoute. Tu me parles un peu de ton Œdipe tout œdipé très dans du satin. Tu t'arrêtes assez vite c'est tant mieux, dans le jabot c'est un Œdipe à la fois sur une échelle de un à dix, et la tapisserie triangulée jabot c'est un Œdipe 360° c'est assez. Elsa est loin. Toi moi on la perd un peu c'est pour ça qu'on se calme en retour. J'ai du mal à bien voir le jabot, à voir ses parois, à voir les tâches léopard, je me demande si le bilinguisme de tout à l'heure a quelque chose à voir là-dedans, je repense ma question en anglais, une seconde fois je le fais, je reste focus sur une possible traduction. Tâches de lui nous habillent toujours malgré l'oiseau. Je fais brumeux je fais flou. Je veux voir la face de l'animal, celle du félin, je cligne, je cligne fort, tu dis 'arrête ça tout de suite, c'est un imprimé léopard, il n'y a pas de face'. Rien ne se montre à 100%, tu en es content. Je reste, je guette comme, je chasse je tends les pièges, Elsa ne revient pas. J'envie l'élixir, billes des yeux pour faire tchin se cherchent en se trouvant parfois, tu me rassures encore.

‘Elsa, quel est ton romantisme ?’ Elsa regarde autour, elle est là plus close, elle met les yeux sur parois jabot un peu partout, continue dansée, elle s’assure que toi et moi on est là malgré l’épisode de tout à l’heure, d’hier, d’avant c’est certain. Totale danse œsophage. Elle adore tourner, elle se mange en se tournant, on lui sert le moment tourné de son repas, tu aimes becquer en retour, à dire à l’oiseau. Je me demande si toi tu as peur parfois de ce qu’on fait toi moi avec elle dans la poche. Tu dis ‘on attend le tapis rouge’. Je dis ‘ça se fait désirer de tapisser’. Elsa yeux 360° elle tourne, caméra paranoïa garantie on adore, la maison des voisins est fouillée pour se rassurer, c’est-à-dire la voix des roucoulés. On ne part pas on est pas régurgités. Tapis rouge on attend.

Toi moi on se demande si le jabot s'ajustera à la taille de ses épaules plutôt l'inverse tu réponds, si c'est suffisant de la présenter comme tapis rouges garantis pour qu'elle se scintille aux yeux des roucoulés autant qu'elle scintille de notre speech buffet de mots à volonté 24h/24 7j/7. Pigeon gourmand pigeon lazy. Tu dis 'je n'ai pas les détails' je réponds 'ne t'inquiète pas'.

Aujourd'hui dans le jabot je sors de la valise ronde, de valise fabric, je vais dans le dépliage à ma manière, je prends un chapeau similicuir, un chapeau à large bord précisément. Je demande à Elsa quoi faire du simili. Toi moi on insiste, toujours pas de tapis rouge encore alors le similicuir à large bord ça doit envoyer loin. Elsa ne répond pas, elle fatigue, elle veut juste porter le chapeau dans un lieu où le soleil frappe, alors soleil welcome dans cave jabot. Jabot en plein jour, juste un peu, what a surprise. Chapeau ton simili tu transpires du surprise soleil, gorge pigeon ouverte juste le temps de ça. Goutte-à-goutte de son large bord tu dis, tu souffles à son oreille, je regarde de loin la scène c'est l'inertie pourtant, dire qu'avec cette chaleur on peine à sentir qu'on fait du surplace. Adoucie la coiffe c'est qu'elle cède à sa propre désagrégation afin d'éviter les rougeurs. Similicuir goutté liquéfié, surprise soleil on boit sa suée ou ce qu'il en reste, on s'exclame de ça. Ce qu'il en reste ça cajole dans le jabot. Je suis restée pour t'entendre. La gorge du pigeon se referme on n'en transpire plus. Les verres attendent pour la suite du tchin.

Je ferai ça légendaire. Tu prends ton verre tu fais tchin tu nous célèbres à perpétuité dans la poche. J'ai la dalle à tapis rouge je regarde Elsa je regarde son large bord. Je demande 'tu tapisses' elle répond 'j'y arrive'. Regarde plus près tu me fais être un rien de torsions ainsi.

Je fais ça légendaire. Double tchin.

Le violet de tout à l'heure n'est pas seulement violet, il est léopardé toi.

Plus tard on se dit : Elsa tu peux donner le chapeau, son large bord, son friend simili. Un petit gift pour les maxi parois du jabot. Je veux dire, un oiseau ça régurgite en lait de jabot pour les next pour les soon. On peut faire remonter jusqu'au bec le simili, l'offrir aux babies birdies comme on offrirait une graine as food. Offrir son goutte-à-goutte bec ouvert dans la soif dans le baby. Offrir les extrémités larges bords jabotées si ça nous dit au milieu de l'apéro. Au centre entre quelques drinks. Après un temps c'est-à-dire après deux tchins c'est plus long c'est plus dur de faire un don du dedans, on s'en prélasse. On garde le simili, on ne le régurgite pas.

Sans régurgitation for now, je me dis à l'intérieur, dans un certain cache-cache, que ce que je veux c'est me défaire. Tout à fait dépiauter. Se décoller entre les tchins suivants de tous ces noms qu'on utilise l'un pour l'autre l'un dans l'autre depuis tout à l'heure, tôt le matin. Un certain mal articulé puissance 1000 plus fort qu'Elsa et son prénom roulant. Dépiauter les enchantés, les enchantés encore. Je pense à ça, j'y pense fort. Tout ça fait réveiller le bas du corps. Les pin's I love New York deviennent juste des I love. Sans nom soudain gorge totale. Totale gorge toute gorgée toute dépiautée. Décollés délégendés tout ça. Dépiautés à trois. Délégendés dans le jabot avec pigeon as a guest c'est un come back. Tu m'entends et toi aussi un peu tu veux tout délégender, tu regardes. Tu veux oublier les surnoms et tout délégender un temps, adieu glory. Introduction à gorge anonyme toi moi elle au décollage. Un peu moins glorious, toujours au sein de l'apéro. On ressert les verres, on parle sans légendes on est un peu apérotés. On est dans ce délire de noms, d'enchantés ceci, on a envie de s'exalter, d'échanger des I love what pour d'autres I love who, de se dire que ça danse à partir d'une certaine heure dans l'apéro pigeon, tard très tard, on n'est pas que les matelots de sa chute de temps en temps on maitrise ses ailes, 'ça c'est du désir ?' tu dis et tu fais bien de le souligner, ça c'est du I love. Tu soulignes, on échange, pas les names pas tout de suite d'abord les couleurs. Là on se le dit parce que tu le recherches. On échange le violet, l'héliotrope de la robe mi-longue de tout à l'heure, on l'échange pour une autre couleur, une autre palette, on la cherche, je dis que c'est une décision très importante, le teint le ton le maintenant, viens je le dis, c'est une décision très importante, tu réponds que la nouvelle couleur, celle élue now non plus l'héliotrope, colorie nos prochaines décisions. On sourit de ça, on est tentés par un tchin de plus tu dis que c'est un peu trop, l'ivresse jusqu'au birdy à ses parois. Regarde on se souvient que la première décision a une certaine importance, celle de l'évolution step by step héliotrope vers, l'échange de couleur de plus tôt, maintenant j'enferme le reste sans importance dans une chambre hors jabot, lit double aux draps fuchsia d'ailleurs c'est à noter, des draps aussi drapés que les tissus d'Elsa, encore son name à elle, je bute, je reviens à la chambre hors jabot, elle est hors pigeon ailleurs au dehors de la poche, tu es d'accord tu cherches la clé, tu fermes bien, histoire d'être trop oiselés toi et moi pour ouvrir cette porte du sans importance à nouveau, ok pas condamnée non plus la porte, pas jabotée à son tour non, tout juste, juste à la limite de ça. Finalement on recherche on s'y cogne c'est malléable tu imagines tu as vu. Tchin ça y est, là on se le permet, évidemment le tchin un peu évident, je dis par principe dit-on. Tu répètes la voix est très basse 'par principe dit-on'. Les verres se remplissent, dans cet épisode Elsa n'est pas à côté. Elle est loin, très loin dans l'oiseau. Je lui dis 'tu es où' elle répond 'j'y arrive'. Tu lui souffles de rester forte. Reste forte Elsa. Elsa reste forte.

Elsa est toujours un peu perdue. J'appelle les voisins, les autres oiseaux du dehors, les accompagnateurs avant toboggan. Tu rigoles de ça, de mon appel, tu ne t'en souviens plus tu fais ton deuil. Tu es à côté de moi tu fais bien ton deuil j'ignore de quoi. Tu me dis de l'oublier, Elsa ça se tisse et se détisse comme les tissus. Je dis je maintiens : rappelle-toi qu'à la base on est dans un pigeon qui se passe de nos litiges ainsi restons soft. Tu continues, tu dis que le deuil Ed Atkins en parle lorsqu'il évoque l'état mélancolique, l'état décrit par Freud et ainsi de suite, il en parle pour raconter ses gestes artistiques, il dit qu'il rend ses personnages mélancoliques dans ses œuvres, qu'il les pense bien à l'avance endeuillés, voilà que tu ris de sa manœuvre pour une glory souvenance, pourquoi ne pas en faire une amulette ce précisément dans un pigeon qui nous gardera bien de ces politesses, oui, on fait des birdies on fait des roucoulés on se croise mais on manque toujours quelque chose sans savoir le quoi de ce qu'on manque. Toi tu me dis ça et je trouve le pont ici très drôle, je ris, par contre je regrette de devoir parler psychanalyse à cet instant, oui dans un oiseau c'est un peu fucked up un peu gênant, je te l'avoue à un quart de mot seulement, j'allais sortir cet aveu en terme de terme tu le sais déjà finalement. Je pense à ton pin's I love New York, je me demande si tu es mélancolique de New York ou du I love New York lui-même. Je n'ai rien dit et à défaut de penser à Elsa j'ai pensé à Atkins un moment, enfin non pas à lui, pas directement à lui, plutôt à la petite personne faite et manquée de ses mains, à son terme, à sa création déjà manquante déjà missing it, et fort en riant de ça encore j'ai fait un début de deuil en un sens moi aussi, à mon tour le pin's.

Remise du deuil à moitié je me suis rappelée qu'on était dans une sorte de cave ceci explique cela. Toujours pas d'Elsa dans l'angle de vue, pas de tapis rouges tapissés bientôt cavés. Disant bientôt cavés je trébuche, presque c'est la chute totale dans pigeon tout emplumé, trébuchée là un tchin aux fabuleux clowns qui nous enchantent encore : à Keaton titubant, sa blessure cicatrisée c'est-à-dire à la seconde. Ramassée je vois le visage de Keaton ici, je vois dentelle et autres tissus sur ses cils, enchantée Keaton, bienvenue dans le jabot. J'imagine, Keaton tu as dû tomber dans l'oiseau, tomber bien tomber là, toboggan à ton tour. Dans sa chute, dans son gag pigeon, je vois une broderie lézarde, une crevasse toute cousue, chute un peu fibrée rien de tel qu'un birdy pour les clowns encore d'aujourd'hui. Tête pigeon oscillée saccade c'est pareil pour ton visage Buster : immobile tu es becqué toi moi Elsa partie on en rit, ta face allant de droite à gauche, très calme et 100 % secousse, à l'intérieur de toi c'est une glorification constante pour sûr. Buster Keaton ta danse de tête à-coup c'est mimodrame jour et nuit. Là j'ai un doute : sommes-nous mangés par le pigeon, par le bec, ou sommes-nous coincés dans le fond de la chute de Buster Keaton, je veux dire dans sa large crevasse, je me souviens du roucoulé je reste tranquille.

Elsa un peu perdue, que toi moi et le début d'une cascade Keaton dans l'entrée. On fait des birdies on est dans le birdy Buster Keaton est casse-cou Buster Keaton pourrait cogner dans les parois. Toi moi un désir vient : un Buster Keaton pour un dedans pigeon plus élargi. Quatre cent coups pour ça. Pour s'offrir un peu de répit des quatre cents de Keaton tu sors de ta main un arbrisseau tout long, un arbrisseau tout ogre, c'est-à-dire une férule. Tu l'offres à l'apéro, tu offres la férule. Elle est énorme, les racines encore plus. Racines sans mesure, très très longues, ultimes, racines de trois becs d'oiseaux ou plus, les roucoulés l'applaudissent fort puisque voix percées à la limite voix bourgeonnantes. Je regarde la plante, je regarde la racine, elle fleurit de jaune la férule, elle tache de jaune, c'est presque brillant c'est le diamant manquant de l'apéro d'avant, le pas tout de suite à l'ici right now sous la férule jaune, racines amènent une autre couleur dans l'œsophage, bonjour racines, bonjour jaune je m'enjaille je jaillis. La cascade de Keaton, le cou la chute lui tombant dans la gorge oiseau, très très longue chute une gorge oiseau jusqu'à jabot, surprise ça retombe direct sur les racines de notre nouvelle férule, ça fait du bien, les racines c'est un peu édredon, un peu presque comme le tissu, ça protège des ratures sur le body, le tissu est de retour, bonjour aussi tissu come back. Je dis fort : férule c'est la racine, férule ça protège toi moi de la tombée et un peu Keaton quand on y pense, et férule aussi à l'autre sens du mot à l'envers, dans l'envers du mot, la férule c'est autre chose. C'est une palette en bois qui frappe le corps, c'est un bam sur skin pas protégeant du tout, c'est le bruit sur le body claquant, bam je frappe, avec férule je veux ça aussi, tout à fait de l'autre côté du mot je veux frapper fort Elsa à son retour, à sa faute bien localisée. Je veux lui dire : pourquoi tu es partie plus tôt, pourquoi faire le deuil pourquoi faire le retour, toi moi on parle de punition, on y pense vraiment pour elle, une férule ça peut servir à ça aussi, à punir Elsa bien fort d'être partie bien loin, tu entends le bruit ça fait clac le clac se claque de la férule tout entière sur Elsa de retour Elsa retournée. Très fort Keaton rigole il appelle le son, il dit pas besoin de faire mal for real, d'autres palettes bois font le son du clac sans la douleur. Il rit bien fort, clac comme retour du low comedy il dit : avec du rire dans le cas de férule fouet toi et toi vous pouvez faire plutôt un bruit terrible pour un slapstick, appelez le bruit appelez-le terrible, juste au retour d'une personne manquée, cliquette-ci cliquette-là, bam allégé bam en régime bam quand même, le body Elsa frappée Elsa slapstickée son très fort sans douleur symétrique sans douleur retournante férule jaune férule fleurie tu protèges toujours alors tu es le coussinet tu es bourrelet de l'oiseau meeting tu es le come back tissu doux de la poche tu es suprématie dorée.

Dans le fond du jaune entrelacée de férules à deux circulations je repense à Elsa très fort très loin, je me souviens presque de tout. Elle est proche elle est en face, je me souviens de l'invitation, je me souviens de la tapisserie à la limite débutée pas encore soon, je me souviens du tournant gorge je me souviens de l'arrivée toboggan. Je me souviens du pin's I love New York, celui qui nous accompagne pour le voyage, épinglé, et le love en cœur rouge disant bien love, le disant fort. Je me souviens férule, jaune, racine, langue là-dessus. Je me souviens près d'elle être célébrée, je me souviens du cher tutu tulle pas tant tutu, je me souviens du célèbrement en dessous du bec, je me souviens célébration finie début du deuil tchin tchin pour le deuil finalement retour en arrière sur le deuil oui sur lui tchin tchin quand même. Presque tout presque globalisé, juste un détail un trait un toboggan que je n'ai pas sur le bout des lèvres. Et d'ailleurs c'est ça, je ne me souviens plus du rouge à lèvres d'Elsa, celui au bout de ses lèvres à elle, celui qu'elle portait avant de repartir ailleurs, avant de l'avoir perdue. Et à vrai dire quand j'y pense avant ça je n'ai pas retenu non plus le contour de ses lèvres, je veux dire la forme, avant même le rouge à lèvres, la forme, c'est ça, les lèvres d'Elsa, je ne sais plus la forme, l'oubli de la forme empêche le souvenir de la couleur aussi, de la texture, Elsa tu tapes. Toi moi on cherche : contours lips c'est pulpeux, ou c'est bien dessiné, ou c'est lèvres en V. Je réfléchis sur ça, sur les lèvres en V, je réfléchis loin. Je m'en souviens peu voire pas du tout, ça doit être ça, le V, je me dis que ça doit être bien ça, connaissant un peu Elsa elle est bien du genre à avoir les lèvres en V, dis-moi quel autre flux possible que le V, je veux dire on parle tout de même d'elle, c'est-à-dire qu'elle est venue mal articulée ici pour tapisser le jabot de notre birdy, ses lèvres sont en V c'est certain, d'ailleurs le V quand on s'y colle de près c'est aussi la chute de Keaton et du reste. Encore la texture, la couleur, je me demande quelle couleur lips peut matcher à 100% avec un imprimé léopard. Tu cherches aussi, tu souris, tu dis qu'on mélancolise la couleur lipstick, Ed Atkins, enfin Freud bien sûr at the beginning, en rirait bien fort. On ne retient pas tous les toboggans d'Elsa très précisément. Keaton répond : do not worry elle peut être sans rouge à lèvres c'est pas un souci still j'applaudis.

Je coupe tout ça en deux, lipstick à une seule lèvre unique relâchée afin de dire je peux être sans tes contours et pas tout à fait à la fois, incomplète j'accepte l'insulte je me demande pourquoi toi tu l'évites. À l'évitement waow qui est là, Elsa revient Elsa le come back, elle se pointe à nouveau avec deux lèvres bien dessinées bien là bien exposées, je galère toujours à cibler la forme, c'est un V ça doit être ça. Elle arrive, on voit elle a claqué elle a slapstické, c'est un peu la punition férule, montre moi ton dos Elsa il faut faire un clac dessus avec la palette de bois. Keaton is there, le bam allégé bam quand même, Elsa tu es partie loin ailleurs pour visiter le pigeon, tu es partie sans rien dire, tu as cru que le I love New York te donnait des ailes Elsa. Clac sur ton back, punition assurée, elle a eu mal du retour, ça fait clac elle est en béquille elle est boitante. Sous notre férule à toi Keaton moi, elle se soutient d'une béquille zéro vertige garanti. On discute, on parle, on se côtoie, enchanté Keaton enchantée Elsa et allongée là dans les racines férule, dans les férules coussinet, de l'autre côté de leur bruit, je pense à un certain sadomasochisme de la langue. Je regarde Elsa faite de rouge par la férule side A, je regarde le gag de Keaton, sa chute, et les racines férule side B bien dorlotantes. Sadomasochisme de la langue, férule racines ou férule slapstick, ce rapport de force et pourtant cette constante caresse, indécise, side A side B, l'un sur l'autre s'apprêtant à faire 'oh' de la bouche, par un souffle, dire ou être dit, tout ça j'y pense férulée dans une combinaison animalière n'attendant que son chapeau à large bord pour être correctement complétée, qu'il retrouve sa fonte c'est ce qu'on lui souhaite, tu le complimentes d'ailleurs, cet ensemble venant de la valise tissu d'Elsa. Pour tout dire ce sadomasochisme de la langue, je veux dire de la construction langagière, ce n'est pas un sadomasochisme total latex, pas trop étouffé non plus, il ne strangule pas jusqu'à l'asphyxie, non, au contraire c'est un sadomasochisme à peine début cuir, voire même similicuir, au début de son éloquence, quelques doigts timides qui se serrent autour du total cou, strangulant légèrement, vas-y parle, vas-y parle, quelques secondes, bien sûr sans mousseline cette fois-ci le cou, un total cou complètement naked, un ‘oh’ début de puberté tu balbuties. Similicuir lorsque nos bouches à trois sont closes et qu'on la ferme quand bien même on s'apprête à l'ouvrir, presque. Je te vois non pas toi l'autre c'est-à-dire Elsa revenue, je me dis que tu es bottom up à l'aimer ainsi ou alors c'est moi qui y tiens, serait-ce nous top down sur l'aspect boitant d'Elsa boitée finalement revenue. Ascendant descendant je regarde les détails de toi. Je ne regarde plus Elsa je regarde toi. Je te découvre un peu finalement, dans mon invitation initiale. Les tissus continuent d'être des tissus. L'oiseau continue d'être clos 100% férulé. Je te dis : ne t'en fais pas, tu peux le faire, tu peux rester ici encore. Certainement c'était dit pour être dit surtout à moi-même. Longtemps qu'on est clos longtemps qu'on est via des accoutrements, un peu d'asphyxie à nos distances égales. Tu l'ouvres à nouveau, tu me dis : jusqu'où laisser Keaton être de la partie ?

Le lendemain c'est-à-dire maintenant, je porte les tissus d'Elsa revenue j'ai moins froid. C'est maintenant, juste après l'histoire du sadomasochisme parlant non élucidé. Tu viens, tu décolles le tissu de mon lobe, tu cherches dans les racines férule jaune. Tu me dis dans l'oreille qu'Ed Atkins disait finalement n'importe quoi, on sait toujours ce qu'on manque quand on le manque. Je te réponds, je bégaye, je te dis que ce n'est pas la phrase d'Atkins c'est bien la phrase de Freud à la base, at the very beginning, tu dois lui rendre sa phrase c'est à lui, tu me diras 'mais la rendre à qui, à qui est la phrase en premier lieu, elle est à qui', c'est une réponse.

Elle pense à la tapisserie un peu plus qu'hier 'de quoi ça s'entoure entourée la tendresse tissu'.

Tapisserie bientôt là, hopefully. Un peu une palette de rouge est revenue, pour préparer les red tapis. Lèvre unique relâchée, en V les lips, oui tu dis que tu t'ennuies tu es bilingue à nouveau.

Revenue la palette rouge. On regarde le rouge, on s'approche. On se dit à trois que c'est maintenant, on est pas loin de commencer la tapisserie jabot, de le faire vraiment. Il faut choisir le bon rouge, le rouge tout juste, que le jabot soit tapis rouge jusqu'au bout du rouge tout juste. On décide presque, là j'ai besoin d'ouvrir le bec un peu, je veux y voir plus clair j'ai besoin d'une respiration. Je monte, je toque, l'oiseau ouvre le gosier. Il ouvre bien grand le bec et le soleil entre dans le jabot. En haut par le bec on voit un bout de ciel. C'est très soudain, je me concentre je cligne vers la sortie, je vois autre chose que le ciel, vraiment autre chose aussi, je pense que je vois devant les yeux de notre birdy un second birdy dead. Je veux dire, c'est ça, c'est un oiseau mort devant notre oiseau triangulé. On, par on j'entends toi moi Elsa et l'oiseau lui-même bien sûr, on se retrouve face à un second birdy mort, face to face. Un birdy dead devant un autre birdy en vie, c'est vraiment quelque chose c'est à fermer les yeux. Voilà c'est arrivé, je regardais les possibles rouges, en même temps je suivais l'éloquence de nos crescendo decrescendo jabotés, jusqu'au fortissississimo qui se mâche comme la férule se délie, le vacarme et le jaune, d'ailleurs je me demande si notre birdy avait dû nous mâcher toi elle moi je pense que non on a été gobés, gobés comme des billes, billes yeux albinos du tout début, tout tout début, en fait tout ça, notre fortissississimo allongé pour la clameur de nos toboggans, mâchoire dessus œsophage, le jaune qui jaillit etcetera et surtout cette volonté de noyer la langue dans une supra racine férule entrelacée everywhere, sans pour autant que ce soit du corps à proprement parler, ça m'a fait penser à Louise Lawler, oui à cette pièce sonore où les oiseaux Louise Lawler chantent du Beuys de loin en criant Beuys par le bec, Birdcalls quelque chose de ce genre, ça m'a rassuré sur le nom j'ai moins voulu le noyer dans l'anonymat de tout à l'heure, j'ai regretté un tchin pour ça, vraiment, j'ai regardé vers toi j'ai voulu me concentrer à nouveau sur la palette rouge, j'ai pensé aux tissus une ou deux secondes en express vitesse, dans le regret du tchin la playlist de l'oiseau ou plutôt des oiseaux Louise m'a renvoyée de loin à Heidsieck situant Vaduz très proche, il le situe très précisément c'est-à-dire qu'on y tourne autour autant qu'on ne tourne pas la tête vraiment sur ce point c'est-à-dire que je voulais ouvrir la porte pour prendre l'air pour y voir plus clair, ouvrir le bec pigeon je veux dire, open window un peu l'oiseau, on a de l'air dans le jabot qu'on se rassure seulement quand notre fortississimo est à bout ça fait écho, j'aurais d'ailleurs aimé lui demander quel est son romantisme à lui, au fortississimo, et en voulant prendre l'air c'est ce que j'ai vu, j'ai vu ça, un pigeon mort sur le paillasson, sur le paillasson donc dehors face à notre pigeon, plus précisément aussi précisément que Heidsieck nous parle de Vaduz, pour être précise sur le paillasson c'est-à-dire hors du bec juste devant le bec. Un birdy mort face to us. C'est quelque chose, voir notre dead dans les yeux d'un autre pigeon. Je crains, tu veux intervenir tu te tais, et directement face au dead pigeon la chanson de Laurie Anderson, O superman, me vient en tête, une chansonnette de l'enfance, de l'oisillon, elle parle à O Mom and Dad, à O judge aussi, on est sur le départ, elle le dit dans les lyrics, on est sur le départ, so you better get ready, ready to go, tout ça apaise la mort du birdy, le get ready to go. La mélodie d'Anderson vous parle je veux dire elle vous parle directement, elle bloque la maniac question 'offrande ou malédiction ce dead pigeon ?', en écoutant ça je pense que j'ai une sorte de pouvoir de décision, O superman, toi et Elsa aussi, tu ris quand je le dis, on devrait tout à fait tapisser la cave œsophage on le devrait, là-dessus je rêve de Buster Keaton, Keaton comme invité dans le jabot c'est quelque chose c'est tout à fait quelque chose, pour ça il le faut, tapisser le jabot de rouge, d'ailleurs en satin, et faire tchin, un autre apéro, plus tard, quand l'oiseau, je veux dire le nôtre pas le mort, le nôtre, notre de dedans pas le dead de devant, quand l'oiseau sera à Vaduz lui aussi.

Pour la tapisserie vraiment le début de la tapisserie à l'endroit de l'oiseau meeting il nous faut des tenues. Elsa dit que cette fois-ci c'est pas le pin's I love New York à porter, c'est plutôt le t-shirt same sentence. Tu acquiesces, tu dis que porter le t-shirt I love New York assise sur les racines férule c'est adéquat, je me dis que porter le t-shirt I love Japan en un sens ça te répond. Elsa, alors quel love t-shirt veut-elle porter pour faire le start de la tapisserie, pas le temps elle dit, accoutrer quelques morphologies n'est pas une priorité lorsqu'il y a la gorge totale d'un pigeon à tapisser. On aime tout tout autrement, on aime on s'en souvient, get ready to go c'est ça, on s'en souvient, de nos get ready to go de nos voyages apérotés des endroits de passage, peut-être Vaduz justement, de ça, je me demande si l'oiseau passe au-dessus de quoi lorsqu'il vole, parce que oui dans tout ça dedans on met des pas en file on vole toujours on vole au-dessus, le I love Japan fait pousser des ogres ailes au pigeon. Je veux ça, pour deux secondes seulement suspendre le jabotage, zoomer nos t-shirts sans un roucoulé en playback, zoomer sur ce à quoi ils appellent c'est-à-dire à pas grand chose si ce n'est à un second tiny pouvoir plus ou moins fibré plus ou moins de décision : faisons ça, une lune de miel glissée totalement get ready to go direct vers Vaduz s'expliquant un peu par une mélancolie new yorkaise, une mélancolie à la Ed Atkins, enfin à sa petite personne faite, elle, celle probablement seule dans un bar à New York, elle est toute seule dans un bar à New York elle attend son verre, tu choisis le tissu et ça c'est pour New York, c'est pour notre tchin direct de New York, la férule te masse, j'aime le New York je suis morte à le New York je fais mon deuil à le New York à dire j'ai été mangée à le New York, au-dessus de le New York, vue sur une micro window à le New York, j'ai vu Elsa là-bas, nice to meet you Elsa, je choisis le coloris léopard je me trompe et ça c'est pour le New York, c'est précisément pour le New York, on vole au-dessus de Vaduz ça c'est pour le bientôt, c'est là notre anglicisme notre début de bilinguisme son échec sa failure c'est la férule langue qui commence à fleurir à nous faire jaunes d'elle c'est le I love New York c'est ça d'être une racine, tu dis 'c'est ça d'être une racine'.

Je regarde la fenêtre I love New York c'est-à-dire ton t-shirt ou le ciel bec, je cligne des yeux un peu de fatigue. Louise Lawler vient le dire, à toi, bonsoir Louise, elle vient le dire à Elsa aussi, elle se le permet, sans pour autant citer les noms tu le vois, elle vient le dire en oiseau qu'il est tard, il est très tard. Le bec se ferme sur la fenêtre, c'est pour la nuit c'est pour un roucoulé de loin à différer. Sans être de retour non plus au first roucoulé Elsa lazy d'un quart encore propose le dodo dressing, elle dit qu'il faut chemise de nuit. Demain, demain matin, c'est la tapisserie garantie tu réponds. On a tout préparé, tout est prêt, on peut mettre chemise de nuit et attendre demain morning pour le tapis rouge jabot. Demain on a hâte demain on célèbrera, ça y est presque. Je regarde Elsa, je me dis quel waow quel coloris. Tisser un œsophage, faire un Œdipe 360° après le sommeil, c'est plus de love qu'un I love t-shirt alors congrats. Pour ça je décide d'enfiler tout ce qu'elle souhaite, des perles des nuits, des chemises sleeping, des léopards peut-être même un get ready to go dans le sommeil. Smack de chaque Vaduz principauté. Elle sort une dentelle à mettre sur le haut de la poitrine, tissu dodo tissu sleeping, dentelée, un paillasson poumon, en fait très certainement une tenue jabot, elle sort ça elle dit 'enlever le New York pour le jabot je veux dire le paillasson jabot'. Je ne veux pas de dead pigeon, je repense à la férule et à sa double circulation, coussinet tendre pour début de sommeil en tenue jabot. C'est-à-dire que j'ai vraiment sur moi la tenue le jabot la night, sweet dreams.

Je dors le jabot night sur moi, j'ai mis certains sommeils en file. Tu te réveilles tu dis fort que le bec est en train de s'ouvrir, il s'ouvre alors que c'est la nuit. Je ne sens rien, je ne vois pas la fenêtre becquée. Je me tends, toi tu te rassures de la férule racine tu la sens en dessous, elle se délie elle fait jaune, j'ai la tête dans mon oreiller, 'tu es où Elsa'. Pas d'écho, tu es où Elsa, Elsa n'est pas là, pas dans le jabot, tête back dans le tissu, complètement dessus partout sur la face. Elsa tu es où, c'est la totale nuit Elsa tu es où, Elsa sans dodo tissu sans sleeping ici. Le bec est bien ouvert, il montre un ciel noir un ciel nuit. Regarde, Elsa est là, plus haut, elle remonte tu le vois. Elle remonte la gorge, on le voit là tout de suite ensemble, elle va vers le bec vers le ciel noir. Le birdy veut la faire ressortir, de toutes ses forces il le veut, le birdy veut tout à fait la ramener au début, lui faire marche arrière, régurgiter ce qui est entreposé dans Elsa. Le jabot n'a pas eu le time de se tapisser de rouge. Le jabot n'a pas le time tout court, comme il est déjà un vécu. Voilà tu verses tu es notre coulée Elsa, tu verses tu t'élargis, tu vas ailleurs tu oublies la tapisserie. Elsa tu verses tu es dans le get super ready to go tu es dans l'œsophage début tu remontes tu es régurgitée par l'oiseau, tu repars tu t'en vas, tu reviens soon, tu t'aspires tu ne reviens pas si vite, le tapis rouge est loin derrière, il touche un peu à l'estomac il n'est plus entre deux il est far away. Je sens quelque chose, un recul de toi moi aussi. Pin's I love New York dans le recul en même temps, un peu aspiré vers le début, un peu ramené. Demi-tour nous aussi je le vois, on ne reste pas, tu nous prends avec toi Elsa. C'est la chute à l'envers, on quitte le délicat de la férule, on décolle. Tu fais la coulée à trois, on est pris on remonte le toboggan, on met des pas en file, on fait l'envers toboggan on fait son moulage on déloge. Je ne veux pas faire long, je porte toujours le jabot sur la poitrine je le quitte je suis dégorgée je suis remise en jeu je suis dès le very beginning. Pas d'Œdipe 360° en tapisserie jabot, un Œdipe liquide un peu everywhere dans le bec, et que ça coule dehors. Toi tu me dis 'tu te souviens de la bille' te souviens-tu, l'albinos revient en tête je nous sens dégobillés à l'instant. Face à Vaduz, face à Louise oiseaux, tu veux un last O Mom and Dad, avant la régurgitation 100% tu veux toucher quelques tissus tu veux en finir avec nos célébrations communes tu veux la signer en coulant on s'allume on se glorifie ailleurs. Proche de dehors, très proche de dehors. En arrivant en sortant en caressant bec en faisant connaissance avec le birdy je veux dire en le voyant du dehors face to face, plus du dedans, on dit bonjour birdy c'était toi notre sofa garanti. La férule est estomaquée, elle tombe plus bas sans nous quand on remonte au tout début. Goodbye férule, je suis bain de bouche oiselé. Du haut, proche du ciel noir, dans le bec, dans le retour au bec pour être précise, j'entends des roucoulés. Ce n'est pas le fortississimo, ce n'est pas Louise Lawler faisant le birdy, et ce n'est pas non plus le birdy lui-même, celui qu'on connaît très bien maintenant, non non non ce sont d'autres roucoulés. Ils sont tout à fait micro ces autres roucoulés, plus micro que ça tu en meurs tu en deviens sourde. Micro pianissimo vient d'un autre bec nous voyons là un baby un oisillon tout à fait impressionné par l'horizon bec de notre pigeon à nous. Un oisillon tout frais à la recherche, un oisillon qui a la dalle l'appétit bien ouvert pour un roucoulé de babyton. On est dans le retour pour ce baby face to face on va se faire un liquide un peu drinkable pour tomber dans sa new micro gorge on est passés à son tour et ainsi de suite. On est liquéfiés on est laités on est donnés pour oisillon en fin de sieste. On est blancs on est lait toi et moi on est surtout tout à fait lait de jabot, on est maternés pour la maternelle. Pour les babies d'après ceux juste après, on se boit. On est des tchins on est dans le starting on est dans le reste. Bientôt on se fera prendre par l'oisillon, on trépigne un peu on craint à notre manière on se retourne en lait être pour être tchinés à notre tour. Rotules x2 en haut ou à l'envers tu t'en souviendras dans l'oisillon, le souvenir du sens de notre cascade, à être régurgités du jabot on chute à la Keaton's style. Y aller à reculons dans le bec oisillon en voyant tout de même l'horizon par ces deux yeux très rotatifs, et bien sûr élargir les dehors birdy ainsi : très flexes ceux-ci. Trouver l'adieu le goodbye first birdy un peu I love dépiauté décollé on se l'avoue on se le dit, le see you Elsa ou notre see you commun, aveu dit smack ça dit oui. Pour célébrer l'aveu toujours déplier les tissus, ici chemise de nuit enlevée pour d'autres à trouver dans une prochaine gorge toi tu restes élégant. Clac du low comedy comme nouveau fléau, férulés plus tard ailleurs on adore ça. Dans le saut prochain bec, prendre le pin's I love New York avec nous. Se dire : enchanté petit de notre oiseau il est son next nous sommes le sien, nouveau sofa annoncé young oisillon bec ouvert waiting for flux waiting for lait tu peux me tchiner tu es welcome. Après peut-être, un peu lorsque la fin de l'horizon gorge se met à devenir une fin 'comme par magie', aussi white que totale milk, alors seulement le faire, c'est-à-dire sortir de l'oiseau pour un prochain. À trois se régurgiter malgré le regret tapis rouge malgré la mélancolie Atkins, going out pour entrer ailleurs, épinglés et ainsi de suite. Get super ready to go. Puis dans un second et autre 'comme par magie', dernière éloquence à la limite férule pour toi moi et Elsa, incapables de retracer sa totale racine sa totale étoffe, alors se retrouver plutôt après que dans le retournement, là se retourner de ce devant, entrevoir le jabot prochain et trépigner d'avance puisqu'à l'avenir pour sûr on le célèbrera.

Collection "**Alimage**"

Une série de livres dont la couverture présente l'image d'une œuvre d'art ou une photographie, soulignant la connivence que nous percevons entre l'écriture et les arts visuels.

Philippe Annocque
Mémoires des failles (2015)

Rémi Checchetto
Nous ne sommes pas des héros (2018)

Fanny Chiarello
La geste permanente de Gentil-Cœur (2021)

Sophie Coiffier
Paysage zéro (2017)
Tiroir central (2020)

Marie Cosnay
Sanza lettere (2015)

Jean-Michel Espitallier
Centre épique (2020)

Jérôme Game
DQ/HK (2013)

Joseph Julien Guglielmi
Qu'un bref regard sous le calme des cieux (2013)

Élisabeth Jacquet
Quand j'étais petite (2012)

Laure Limongi
J'ai conjugué ce verbe pour marcher sur ton cœur (2020)

Juliette Mézenc
Elles en chambre (2014)
Laissez-passer (2016)
Des espèces de dissolution (2019)

Sandra Moussempès
Acrobaties dessinées (2012)
Colloque des télépathes (2017)
Cinéma de l'affect (2020)

Véronique Pittolo
Toute Résurrection commence par les pieds (2012)

Virginie Poitrasson
Il faut toujours garder en tête une formule magique (2012)
Le pas-comme-si des choses (2018)

Anne Savelli
Décor Daguerre (2017)

Nicolas Tardy
Monde de seconde main (2019)

Rosmarie Waldrop
La route est partout (2011)

Isabelle Zribi
La revanche des personnes secondaires (2018)

Collection "**Au trait**"

Ouvrages dédiés au dessin lié à l'écriture.

Laurence de la Fuente & Bruno Lahontâa
Performances éthologiques de Font (2014)

Suzanne Doppelt & François Matton
Magic tour (2012)

Éric Pessan
Parfois je dessine dans mon carnet (2015)

Collection "**Philox**"

Des textes qui connectent la poésie avec la critique, la philosophie, la politique, les sciences…

Etel Adnan
Là-bas (2013)
traduit de l'anglais par Marie Borel et Françoise Valéry
Mer et Brouillard (2015)
traduit de l'anglais par Jérémy Victor Robert
Nuit (2017)
traduit de l'anglais par Françoise Despalles
Surgir (2019)
traduit de l'anglais par Pascal Poyet

Marie Borel
Loin (2013)

Jean-Paul Chague
Expansion sans profondeur (2013)

Alain Jugnon
Individu premier - *Cinématographie de Bernard Stiegler* (2012)

Jérôme Lafargue
Au centuple (2017)

Jaime Montestrela
Contes liquides (2012)
traduit du portugais par Hervé Le Tellier
Grand prix de l'Humour noir Xavier Forneret 2013

Bruno Pellier
Expériences à l'étang - *Dictionnaire des longues distances II* (2012)

Xavier Person
Une limonade pour Kafka (2014)

Pascale Petit
Le parfum du jour est fraise (2015)

Marie Rousset
Conversation avec les plis (2013)

Juliana Spahr
Va te faire foutre - aloha - je t'aime (2018)
traduit de l'anglais par Pascal Poyet

Rosmarie Waldrop
En voie d'abstraction (2020)
traduit de l'anglais par Françoise de Laroque
La revanche de la pelouse (2012)
traduit de l'anglais par Marie Borel et Françoise Valéry

Collection “**Propos poche**”

Textes « gigognes », traitant d’un sujet qui en contient d’autres. Les variations de formes sont multiples : récit, poème, prose, documentaire…

Guy Bennett
Ce livre (2017)
traduit de l’anglais par Frédéric Forte et l’auteur
Œuvres presque accomplies (2018)
traduit de l’anglais par Frédéric Forte et l’auteur
Poèmes évidents (2015)
traduit de l’anglais par Frédéric Forte et l’auteur

Rémi Checchetto
Apéro (2013)

Dominique Fabre
Une enfance (2021)

Jérôme Game
Album photo (2020)

Véronique Pittolo
Monomère & Maxiplace (2017)
Une jeune fille dans tout le royaume (2014)

Frank Smith
États de faits (2013)
KATRINA – Isle de Jean Charles, Louisiane (2015)

Collection “**Ré/velles**”

Entre récit et nouvelle, cette collection tente de fusionner des genres préétablis en y infiltrant des onces de poésie.

Serge Airoldi
Micmac Mécanic (2019)

Patrick Bouvet
Trip machine (2017)

Sophie Coiffier
Tiroir central (2021)

Aurélia Declercq
RIKIKI (2021)

Dominique Fabre
Les enveloppes transparentes (2018)

Jérôme Game
Salle d'embarquement (2017)

Éric Pessan
La connaissance et l'extase (2018)

Anne Savelli
Saint-Germain-en-Laye (2019)

Frank Smith
Chœurs politiques (2017)

Collection “**Roman/ces**”

Des livres pour réussir son évasion.

Élisabeth Jacquet
Avec nous / Le retour (2020)

Éric Pessan
Le syndrome Shéhérazade (2014)

Keith Waldrop
Tant qu'il fera jour (2015)
traduit de l'anglais par Paol Keineg

Composé en Adobe Garamond Pro
RIKIKI
a été achevé d'imprimer au mois de janvier 2021
par l'imprimerie ICN à Orthez (64300)

Design couverture : jmgirard
Mise en page : Françoise Valéry

Dépôt légal : premier trimestre 2021

Éditions de l'Attente - association Loi 1901
249 rue Sainte-Catherine 33000 Bordeaux
www.editionsdelattente.com